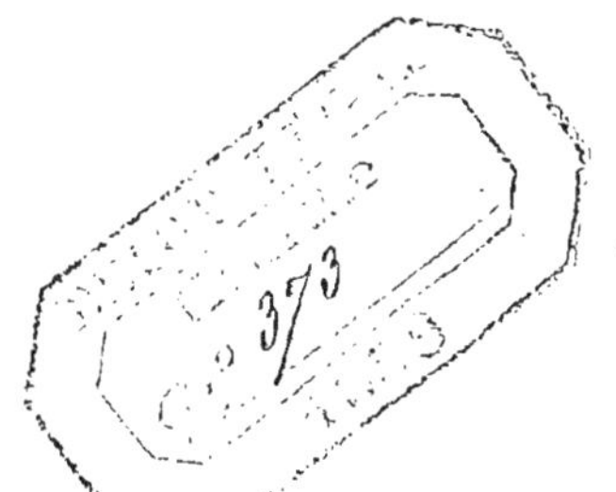

DEUX VISITES

DE NANCY

A M. LE CURÉ D'ARS,

PAR

L'ABBÉ RÉGNIER.

NANCY,

GRIMBLOT, VEUVE RAYBOIS ET COMP.,

IMPRIMEURS-LIBRAIRES.

Place Stanislas, 7, et rue Saint-Dizier, 125.

1859.

A SON EMINENCE

MONSEIGNEUR LE CARDINAL GOUSSET,

ARCHEVÊQUE DE REIMS,

Hommage de reconnaissance éternelle et de la plus affectueuse vénération.

DEUX VISITES

DE NANCY

A MONSIEUR LE CURÉ D'ARS.

Vers la fin de l'année 1843, le R. P. Lacordaire venait renouveler l'Ordre des Frères Prêcheurs en France ; il s'installait dans sa première maison, que lui avait offerte à Nancy M. le baron Alphonse de Saint-Beaussant, belle âme d'artiste chrétien, trop vite envolée.

La fondation de l'éloquent dominicain lui attirait une foule de visiteurs, dont le moins spirituel n'était pas certain avocat lyonnais, M. Paul d. l. P., qui nous charmait par sa conversation si vive et si tranchante dans le calme des conversations locales. Touché de ce que je lui eusse montré Nancy et ses environs : « Un service en vaut un autre, me dit-il ; il vous manque quelque chose, et c'est à moi de vous le procurer. »

— Il me manque tant de choses, lui dis-je, que je ne saurais deviner.

— Ne vous fâchez pas, si je vous dis que c'est.... un confesseur.

— A moi ? Mais j'en aurais plutôt deux que de m'en laisser manquer.

— Il y a mille confesseurs, et il n'y en a qu'un : il s'appelle le curé d'Ars. Qu'est-ce, me direz-vous, qu'Ars et son curé ? Un petit village ignoré, dans le département de l'Ain, et un pauvre curé, plus pauvre que les pauvres à qui il donne tout ; enfin, ce qu'il y a de plus humble au monde, et de plus chétif en fait d'apparences humaines. Saint Bernard, Saint Jérôme lui-même, n'étaient pas réduits à une plus extrême maigreur, à une face plus sillonnée de rides, à une voix plus éteinte. Mais aussi, comme chez eux, il y a ici une âme de feu, qui use sa frêle enveloppe ; cette figure de bon vieux, je dirais presque de bonne vieille, se relève et s'anime par des yeux flamboyants ; et, malgré sa voix qui le dispute à peine à la mouche qui bourdonne, le cher curé est d'une netteté dans sa pensée, d'une vivacité dans ses réponses, d'une pénétration, d'un zèle et d'un courage, à défier les Thaumaturges, à lasser la critique, effrayer les mondains et frapper tout le monde d'une invincible admiration. Cet homme extraordinaire est au confessionnal de longues heures avant le jour, tant on afflue à la barre de son saint tribunal de tous les points de la France, ou de l'Europe même; car j'y ai vu des gens de tous les pays.»

« On dit qu'il ne mange pas, tant il mange peu et avec peine; qu'il couche, je ne sais sur quoi, une sangle ou une paillasse comme les Chartreux, à moins que ce ne soit une planche comme les Dominicains, ou des fagots d'épines comme saint François. Ce régime de la Thébaïde ne l'empêche pas de remplir ardemment toutes ses obligations de curé; non-seulement de curé d'Ars, mais de curé universel, puisque chaque jour son église change de paroissiens, petits ou grands, riches ou pauvres, réguliers ou laïques, à qui, chaque jour, il fait publiquement le catéchisme, donne une instruction et récite la prière. Un pénitent ne saurait avec lui escamoter l'absolution, je vous le jure; le digne curé regarde dans cette âme, et, du premier coup, jusqu'au fond; avec quelles lunettes? Dieu le sait; mais elles sont terriblement claires et rapprochent les moindres objets sans les grossir ni les diminuer. Il vous tient son homme ordinairement pendant deux ou trois jours dans une retraite absolue, c'est-à-dire sous la loi du silence, de la prière et de la méditation. Au bout de ces trois jours il est rare que le malade spirituel ne soit pas complétement en convalescence. On cite même des guérisons matérielles, et l'on s'en extasie beaucoup plus, quoique sans raison; car il est plus difficile de traiter l'âme que les membres. C'est aussi un consolateur très-remarquable : chagrins profonds, ennuis mortels, désespoirs même; tout cela fait place, par la foi, à l'espérance, qui se consolide par la charité.»

« Les grands pécheurs sont, comme les pauvres, l'objet de ses prévenances; en quoi il rappelle d'autant mieux Celui qui disait : « *Je ne suis point venu pour sauver les justes, ni guérir ceux qui se portent bien.* »

« Enfin, c'est un homme dont il n'est plus permis de se passer quand on sait qu'il existe.

Cela vous paraîtra bizarre, enthousiaste, fou même, si vous le voulez; mais voici ce que je vous prédis :

« Ce soir vous direz : ce lyonnais est tant soit peu baroque, avec son unique confesseur; croit-il pas que j'irai faire cent vingt lieues (aller et retour) pour le plaisir de vérifier ses exagérations? »

« Demain vous direz : cet original de lyonnais, avec son curé d'Ars, m'intrigue; véritablement, si ce n'était pas si loin..... »

« Après demain vous direz : je veux voir le curé d'Ars. »

« Et l'autre après-demain vous voudrez tellement y aller, que dans un mois..... vous en serez revenu. »

Il dit; et le lendemain ce bon lyonnais partait avec l'assurance de la sympathie profonde qu'il m'avait justement inspirée. A six lieues de Nancy, la halte de sa diligence lui permettait de m'écrire un petit billet, si bien tourné, qu'à chaque pas qu'il faisait du côté de Lyon, je me sentais entraîné à sa suite.

Un mois à peine s'était écoulé, que sa prophétie était en plein accomplissement : le midi reprenait ses droits sur l'est, et c'était à mon tour d'émigrer en pèlerin.

Rien de plus doux qu'un pèlerinage, même quand on n'est plus d'âge ni d'humeur à voyager. Avec quel bonheur n'ai-je pas vu depuis Bourmont, c'est-à-dire à dix lieues de distance, poindre sur l'horizon les tours de l'antique basilique de Langres, ma patrie ! Avec quel amour n'ai-je pas baisé la pierre de ces augustes parvis qu'illustrent les cendres de saint Mammès, martyr d'Orient ! Langres, cité gallo-romaine, dont les murs soutiennent encore les arcs de triomphe des Césars, et dont le sol fut baigné du sang des premiers chrétiens ! Langres ancien évêché-duché, qui, malgré les invasions militaires et commerciales, demeura toujours la ville religieuse et primitive !

Des nombreuses institutions qui distinguent l'ancienne ville épiscopale du cardinal de La Luzerne, nous n'en citerons qu'une, la Maîtrise, vrai modèle en ce genre. Trois frères, Messieurs Couturier, tous les trois prêtres, ont résigné leurs cures pour se vouer à former des choristes, qui servent l'autel avec un respect inconnu dans la plupart des sacristies, qui chantent à livre ouvert les partitions des plus grands maîtres de toutes les écoles religieuses. Le neveu des trois Directeurs est devenu en peu de temps, à leur école, un puissant auxiliaire, organiste, compositeur, et assez instruit d'ailleurs, pour aspirer au divin sacerdoce avec plusieurs de ses compagnons de maîtrise.

En suivant, pour quitter la ville, la longue rue Saint-Amâtre, le voyageur remarque sur sa gauche un bâtiment de forme ecclésiastique, dans le style du dix-huitième siècle ; c'est l'ancienne église du séminaire, au front de laquelle est attachée cette inscription : *Théâtre*. Ah fi ! détournons la tête, et demandons à Dieu que les généreux Langrois aient assez de vergogne pour acheter ailleurs un théâtre, et cesser de faire jouer la comédie à la place même de l'autel où s'immolait le Saint des Saints.

Aux portes de la ville nous traversâmes une citadelle qui commençait seulement à sortir des entrailles de ce vaste rocher ; puis on descend vers la Bourgogne par la côte longue et pittoresque de Longeau, pour remonter quelques lieues plus loin les arides pierrailles de pithoy, d'Orville et de Gemeaux, qui nous aoncent un sol plus sec, celui de la Côte-r. Nous sentons aussi une plus douce temrature, et bientôt nous voyons surgir dans la aine la haute flèche de la cathédrale de ijon. Elle se dresse avec hardiesse sur une ase à jour, au milieu de vingt autres clochers l'églises et de chapelles d'une architecture à demi-ruinée, mais toujours remarquable.

Dijon, qui est à peu près de l'importance de Nancy, n'a pas autant de charme au premier abord, mais plus de caractère par le nombre, la beauté de ses monuments, et par son irrégularité même. Nancy séduit par la rectitude de ses lignes, et par la perfection symétrique des trois places que fit construire le dernier duc de Lorraine, Stanislas, roi de Pologne, et beau-père de Louis XV. Mais l'œil se blase sur l'immobilité des lignes droites, comme sur l'uniformité d'une suite de maisons sans grande physionomie. Il reste, au contraire, à Dijon une foule de rues tortueuses, beaucoup moins larges et blanches ; mais dont chaque maison, pour ainsi dire, a gardé, comme à Troyes, à Rouen et à Strasbourg, son type individuel. S'il y a un peu trop de barreaux noirs aux fenêtres, il s'y trouve en revanche des balcons riches en serrureries, des tourelles, des clochetons, des sculptures, de vieux toits élancés et couverts en tuiles émaillées : surtout une foule d'églises, dont un trop grand nombre, hélas, est encore condamné à la profanation; mais dont la carcasse gothique, le faîte élégamment couronné de galeries à jour, semblent crier merci à tous les gouvernements contre la durée et l'impiété de leur condamnation révolutionnaire. Quelle merveille de conservation et de restauration que la Salle des Tombeaux des ducs de Bourgogne, et qu'elle laisse loin derrière elle tout ce que la France possède en ce genre !

La physionomie animée et variée des monuments dijonnais est bien l'expression du caractère bourguignon : comme chez le méridional, sa physionomie suit volontiers les moindres nuances de son discours ; elle est ouverte et disposée à la gaieté. Il a du geste, et généralement de l'esprit, comme les Lorrains ont du jugement et de la tenue. Le soleil, et un peu, dit-on, le vin de Bourgogne, se sont mis d'accord à cet effet.

C'était encore le temps des diligences, et l'on pouvait voir quelque chose en voyageant. Ainsi, de Dijon à Châlons-sur-Saône, nous suivions avec intérêt chaque point de cette ligne incessante de villages échelonnés à droite du voyageur, le long de cette colline si bien nommée la *Côte-d'Or*, et dont chaque nom est une célébrité vinicole. Guidés par les explications d'un homme du pays, nous cherchons vainement le clos de Chambertin qui devait être à l'avant-garde et qui n'est plus qu'un mythe ; mais deux ou trois villages ont prudemment ajouté son nom à celui de leur modeste territoire. Vient ensuite le clos des ci-devant Dames de Tar, et celui de la Bussière de Morey, jadis annexe du célèbre clos de Vougeot, et fondé par les mêmes moines Bernardins de Cîteaux. Après Vougeot, dont les longues murailles grisonnent et s'étendent du bord de la route jusqu'au pied de la côte, on croit qu'il faut tirer l'échelle ; nous ne faisons au contraire que commencer, dit notre cicérone. Si Vougeot partage avec le Johannisberg l'honneur et le profit d'abreuver les princes, il faut aussi de quoi abreuver les barons de l'industrie et du commerce, dont la table n'est pas moins élégamment servie.

Donc, comptez s'il vous plait : Nuits, dont presque tous les vins sont remarquables, quoique tirant un peu sur la plaine ; Beaune, dont Paris partage la dépouille avec la Belgique et la Flandre, et dont le nom sert à baptiser tant de vins effroyables, absorbés par de candides Parisiens ; Vosne, qui profite spirituellement de la ressemblance des noms ; Pomard, qui vaut à lui seul toute la Poméranie ; Volney, dont une seule goutte a plus d'esprit que tous les produits du philosophe de ce nom! Corton, Meursault, Chablis et je ne sais quoi encore, ferment la marche de ce régiment de noms bachiques, dont aucun n'égale la gloire de l'illustre vin de la Romanée ; toujours au dire de ce Monsieur qui paraissait s'y connaître ; et qui, comparant *les Bourgogne* avec *les Bordeaux*, traitait ces derniers de *petits vins pointus*.

Les honneurs prolongés que rendirent au vin de Beaune la plupart des voyageurs, nous permirent d'admirer à l'hôpital des tableaux peints sur bois et sculptés en manière de dyptiques, vraiment dignes de la chapelle des ducs de Bourgogne; nous ne voyons à leur comparer que les magnifiques retables exposés en la salle des Tombeaux au Musée de Dijon.

Enfin nous voilà débarqués à Châlons, sur les bords fertiles de la Saône. Singulier moment pour les amateurs de voyage par eau! La concurrence était devenue si grande entre les divers patrons de bateaux à vapeur, que, non-seulement les prix étaient diminués jusqu'à deux francs de Châlons à Lyon, mais que l'un de ces patrons ou armateurs poussa la plaisanterie jusqu'à *payer* les voyageurs qui lui donneraient la préférence. Aussitôt son bateau faillit sombrer, tant il se couvrit subitement de gens de bonne volonté. Le nôtre partant quelques heures plus tard, j'en profitai pour aller adorer le Saint Sacrement. L'église où j'entrai était spacieuse, bien éclairée, mais sans originalité. En sortant je rencontrai un beau jeune vicaire, à physionomie régulière, ouverte et digne, qui me donna sur le voyage que j'avais commencé d'utiles renseignements ; et cela d'un ton de voix et avec des manières éminemment affables et distinguées. J'avais parlé au futur Père Souaillard, qui devait, quelques mois plus tard, par son éloquence, se rapprocher de son ami et frère en religion, le Père Lacordaire.

J'employais ma traversée de la Saône à écrire ce que j'avais à conter à M. le curé d'Ars, lorsque je remarquai parmi les passagers un pauvre prêtre fort modeste, qui, les yeux baissés, se promenait solitaire, et me semblait l'objet des lazzis de deux sots (il y en a partout). Si le prêtre eût voulu se fâcher, il eût mis les rieurs de son côté, car il était de taille à leur administrer une vigoureuse leçon. Mais, disciple de Celui qui reçut les affronts sans jamais rendre autre chose qu'un bienfait ou une vérité, il attendait que ces jeunes gens mal élevés eussent digéré leur déjeuner. J'allai le distraire de cet incident en l'attirant vers un autre point, et le bon prêtre y fut sensible : Vous ne pouviez mieux, me dit-il, vous adresser qu'à moi ; le saint homme que vous cherchez n'est plus à Ars ; accablé de visiteurs étrangers, il s'est réfugié pour quelque temps chez son frère, au village de...... Allez-y, et tâchez de forcer la consigne, car elle est sévère.

J'obéis dès le lendemain. Arrivé sur le seuil du terrible frère de M. Vianay, je ne me laissai intimider ni par sa taille, ni par sa voix, car on voyait tout de suite que c'était un excellent homme. En effet, deux minutes après, il m'avouait quel trésor il tenait sous clef; et m'offrait de partager le déjeuner de toute sa famille, rangée en bataille le long d'une table, au bout de laquelle posait, à la disposition de chacun, le plat principal, c'est-à-dire, une formidable miche de pain de ménage. On n'attendait pour commencer, que la présence de l'oncle vénéré; et bientôt je l'entendis descendre de son grenier.

Dieux, quelle figure sillonnée, et creusée par une pénitence d'autant plus persévérante qu'elle est volontaire! Son front élevé abrite deux yeux d'une vivacité rare, qui seuls nous apprennent que le corps ou le squelette est plein de vie. Ses cheveux taillés en brosse au-dessus de la tête, selon l'ancienne et vraie méthode ecclésiastique, ne font ni une raie élégante, ni un chignon frisotté, mais ils tombent en suivant le chemin le plus court d'un point à un autre, la ligne droite, jusque sur ses chères épaules. Sa soutane flotte en plis allongés le long de son corps, si toutefois il en a un ; et ses pieds desséchés se promènent dans le vide de sa chaussure. Mais quelle physionomie mélancolique et recueillie, quel regard fin ou énergique et toujours vous pénétrant jusqu'au fond de l'âme ! Quelle parole sérieuse et juste, animée et sans bruit, car il faut tendre l'oreille pour la distinguer ! Quelles réponses nettes, sans phrases et sans retard ! Quels oracles pleins de piété, de bonté et de fermeté ! Je plains ceux qui n'ont pu les entendre, et plus encore ceux qui les ont entendus sans en profiter.

Le saint homme bénit le repas de famille, qui se composa pour lui de trois cuillerées de lait froid ; il mordit trois fois dans son pain sec, et dit : Assez, j'étouffe déjà. Ainsi il en était arrivé, comme presque tous les grands hommes du Christianisme, à ne plus pouvoir nourrir pour ainsi dire que son âme. Puis nous remontâmes ensemble à l'étage supérieur.

Au bout de *deux heures* de séance au divin tribunal (et je vous prie de croire que je n'avais pas mis un aussi long temps à raconter ma vie passée), les oracles véritables de bon sens, de droiture et de délicatesse que m'avait fait entendre M. Vianay, me paraissaient tellement complets, que je ne voyais rien à y ajouter, lorsqu'il s'arrête et me dit : On m'attend pour prêcher à la grand'Messe ; vous y assisterez, et, sans penser aucunement à votre confession ; vous y recevrez du Saint-Esprit quelques lumières nouvelles : donc après la Messe nous continuerons.

Je revins en effet à l'heure dite et il me retint encore une heure à genoux. Allez dîner, me dit le saint prêtre, et une heure avant Vêpres, vous viendrez me retrouver. Vous voudriez bien que je vous rendisse la liberté.... qu'en feriez-vous aujourd'hui Dimanche? Vous iriez voir pontifier Monseigneur le Cardinal de Lyon dans sa Cathédrale ; vous regarderiez la cérémonie, vous écouteriez la musique, vous seriez fort distrait, et le but de votre pèlerinage serait manqué. Si même vous ne veniez d'aussi loin, je vous retiendrais ici trois jours en retraite, comme je fais pour mes pénitents du dehors.

Une heure avant Vêpres j'étais à mon poste,

et cet ange de Dieu terminait ainsi son troisième entretien : N'avais-je pas raison de vous retenir? N'avons-nous pas trouvé mille choses à nous dire? Et si nous ne nous les étions pas dites, Dieu pouvait me damner et vous aussi. J'entends le dernier coup de Vêpres, j'y cours, vous y courez ; mais aussitôt après je reviens ; et vous ?....

Comme on le pense bien, je repliais fidèlement mes genoux talés sur la planche sacrée à l'heure du rendez-vous ; et mes genoux seuls se plaignaient, car cet homme était délicieux à entendre ; son âme éclairait la mienne de tout le reflet de sa piété profonde, de sa pénétration et de sa candeur. Cette figure de pénitent, si terrible pour lui-même et si douce pour autrui, ne se contractait que par le désir passionné d'enflammer les âmes de l'amour de Jésus crucifié. Il me laissa pénétré d'un grand désir d'aimer Dieu comme il l'aimait, et de la plus tendre vénération pour lui-même, sublime conducteur des âmes. En me quittant il me demanda si je n'étais pas bien heureux d'avoir ressaisi ma jeunesse en laissant le vieil homme aux pieds du tribunal de la Pénitence. Cette question n'avait pas besoin de réponse, car il ne me la faisait qu'après avoir lu clairement avec ses yeux de lynx l'aveu tacite de mon indicible joie.

Je revins à Lyon avec des ailes, à ce que je crois, tant je me sentais léger, et tant j'éprouvais la vérité de ce mot si souvent et si vainement répété aux pécheurs paresseux ou encroûtés « qu'une bonne confession réjouit le corps et l'âme. »

Seize ans se passent; et deux personnes, une dame et sa gouvernante, à qui j'avais raconté mon voyage et mon désir de le recommencer, veulent être de la partie. L'une, la maîtresse, veut simplement consulter le saint homme et prétend bien, dit-elle, ne pas se confesser, puisqu'elle s'est acquittée de cette obligation quelques jours auparavant. L'autre au contraire prétendait bien ne pas faire un voyage si précieux sans se confesser au bon curé qui en était l'objet; elle y mettait même un peu de gloire. On voulait pouvoir dire : « et moi aussi je m'y suis confessée. » Mais, dans l'omnibus de Villefranche à Ars, une dame lyonnaise qui connaissait le terrain, prédit à ces dames qu'il n'en serait de leurs projets que ce qu'il plairait à Dieu et à M. le Curé ; c'est ici, dit-elle, que la femme propose et le curé dispose.

Voilà mes deux pèlerines d'autant plus fermes sur leurs arçons, et jurant d'enlever à la pointe de leur volonté, l'une sa confession avec ou sans conseils, l'autre un simple conseil sans confession aucune.

On arrive ; inutile de conter comme quoi nous sommes parfaitement accueillis par de très-bonnes gens du village qui nous logent comme ils peuvent, c'est-à-dire indignement, car tous les habitants du lieu se sont improvisés aubergistes, vu l'affluence des pénitents. Nous courons à l'église et cherchons dans quel confessionnal le bienheureux curé prend les âmes au trébuchet. Les cinq confessionnaux sont assiégés aussi fort l'un que l'autre. On se pousse avec art, on s'insinue avec persévérance ; et, de tous les moyens employés pour arriver plus tôt, le plus sûr est d'attendre son tour, du matin au soir et du soir au matin, douze, dix-huit, trente-six, et quarante-huit heures, sans débrider, sans murmurer. Il ne murmure bien pas, lui qu'on assiége comme une place forte, qu'on traque dans les cinq confessionnaux où il promène de deux heures en deux heures sa persévérante équité ; désirant, par ce changement de place, satisfaire un peu tout le monde, et déjouer les petites menées qui auraient pour but d'humilier les faibles et les petits !

Nous reviendrons ce soir après notre prière faite, dit la dame ; il y a trop de monde encore.

Le soir, c'était bien pis : une véritable armée de pénitents, du Maconnais, du Dauphiné, de la Bourgogne, de la Franche-Comté, que sais-je !

Les braves gens y passèrent la nuit, et tous ne furent pas confessés le lendemain. Je dus à mon habit clérical une audience particulière où je fis valoir la distance que nous avions parcourue, et j'obtins la même faveur pour mes compagnes de voyage. Un homme aussi pieux que poli, qui s'était voué au soin de garder à vue son curé bien-aimé, et d'empêcher le désordre des introductions à la sacristie, m'avait à peine aperçu, que, s'approchant de moi avec beaucoup de réserve, il me prévenait de l'exception de faveur faite aux ecclésiastiques.

Je me hâtai d'en profiter ; et l'on pense avec

quelle effusion je demandai au saint prêtre de le presser dans mes bras, reconnaissant que je devais sans doute à ses prières ma vocation tardive et d'autant plus sincère. Comme nous étions convenus de prier à nos intentions réciproques, je lui remis une liste effroyable de grâces à demander, conversions désespérées, guérisons d'incurables, maux publics à conjurer, et *la paix* pour couronner l'œuvre. Quinze jours après j'entendais proclamer la paix de Villafranca. Sans vouloir en attribuer tout l'honneur à l'homme de Dieu, puisque toute l'Eglise de France était en prières, on peut être sûr que celles de M. Vianay ont pesé lourd dans la balance des cieux.

Pour nos deux dames, j'avais obtenu, ai-je dit, en raison de la distance par elles parcourue, une audience plus rapprochée. Celle qui ne voulait pas se confesser met le nez à la grille du confessionnal : Je viens vous demander un conseil, M. le Curé (c'est elle qui me l'a publiquement raconté). — Dites votre Confiteor, mon enfant. — C'est un simple conseil, M. le Curé ; je ne veux pas me confesser. — Dites, dites votre Confiteor. — Il fallut si bien le dire, qu'elle fit une confession en règle ; et non-seulement une, mais deux ; car, ayant oublié quelque chose, elle rentra dans sa place, déjà prise d'assaut ; et, livrant un autre assaut pour la reprendre, elle y resta je ne sais combien d'éternités, et revint enthousiasmée près de moi, me remercier en me contant son bonheur.

Vient le tour de la gouvernante, sainte fille communiant à Nancy chaque semaine et plus. A peine à genoux elle commence son Confiteor : Qu'est-ce que vous voulez, ma bonne, dit l'incroyable curé ? — Me confesser, mon père. — Vous n'en avez pas besoin, mon enfant ; vous êtes une sainte fille ; il n'y a pas huit jours que vous vous êtes confessée ; j'en suis sûr. — C'est vrai, mon père. — Eh bien, laissez la place à ceux qui en ont besoin, et ne les retardez pas. Prenez ces trois médailles pour vous souvenir de moi et..... allez en paix.....

Et il ferme son volet.

Je tiens l'histoire de la bouche même de l'une et l'autre héroïnes.

Quant aux grâces particulières que nous

valut M. Vianay, je les citerais qu'on ne serait pas obligé d'y croire ; je dirai néanmoins que j'ai reconnu son influence extraordinaire et actuelle sur les destinées que je lui avais recommandées.

Je me rappelle qu'il prônait chaleureusement aux incurables une grande confiance en l'intercession de sainte Philomène. La médaille de cette jeune martyre était par lui donnée à profusion. Heureux ceux qui l'auront gardée venant de sa main pleine de bénédictions. On lui disait un jour : Votre sainte Philomène, nous lui avons déjà fait une neuvaine, et n'en avons rien obtenu. Faites-en dix, s'il le faut, répondit-il, et, si vous n'obtenez pas ce que vous demandez, après l'avoir demandé comme il faut, c'est que vous avez besoin d'autre chose, et Dieu vous le donnera. Tout est promis à la persévérance.

On lui faisait bénir beaucoup d'objets de piété, et d'images parmi lesquelles se trouvait la sienne, toujours très-ressemblante ; mais son intention était formellement détachée de toute bénédiction donnée à son portrait : il ne l'a donc jamais béni, quoi que l'on en puisse croire.

Il est mort (1)..... trop tôt pour le temps où il a vécu, temps d'expiation, de licence effrénée et de voix étouffées. Il est mort pour ainsi dire sans qu'on s'en aperçût; parce que, à force de mourir tous les jours, comme il le faisait depuis quinze ans, il avait fini par laisser croire que cela pouvait toujours durer.

Mais après soixante et dix ans de combats, le vieux soldat du Christ s'arrêta, épuisé, non vaincu; en s'appuyant à la hampe de son drapeau, qui était une croix, il laissa échapper de ses lèvres mourantes quelque chose comme ces mots : Dieu de mon âme, je la remets en vos mains! — Dieu vit cette lampe ardente qui allait s'éteindre à son service, et dont la dernière fumée était une odeur de sainteté. Aussitôt un ange descendit, qui en prit avec ses ciseaux d'or la mèche parfumée, et l'emporta dans son encensoir pour embaumer les cieux.

On me demandera maintenant quelque détail moins poétique, et plus digne de l'almanach.

Hélas je n'en sais guères plus, si ce n'est

(1) Le 4 août 1859.

que depuis quelques années, il se sentait miné par une affection de larynx qui lui faisait à chaque minute pousser un cri perçant, au lieu de tousser comme un enrhumé vulgaire : c'était à épouvanter tous ses pénitents, même les personnes éloignées ; car ce déchirant coup de sifflet retentissait dans tous les recoins de son église. Comment n'eût-il pas fait quelque maladie de ce genre, se levant au milieu de la nuit par tous les temps, entrant aussitôt dans sa froide petite église pour confesser jusqu'à six heures, qu'il disait sa messe ; quittant l'autel pour recommencer à confesser jusqu'à onze heures, que, pour reposer son larynx, il faisait le catéchisme ; puis se remettant encore à confesser jusqu'à six heures du soir, qu'il prêchait ou faisait la prière, et, enfin, reconfessant encore les hommes jusqu'au couvre-feu ?

Alors seulement son cadavre chancelant obtenait de son âme rudement trempée la permission de tomber pour trois ou quatre méchantes heures sur je ne sais quel grabat.

Trois caractères bien tranchés constituent la perfection chrétienne : 1° la charité ardente ;

2° la mortification perpétuelle ; 3° l'emploi incessant du temps au profit du salut.

Il avait la première au plus haut degré, versant des larmes au seul mot d'amour de Dieu, et prêchant chaque jour cet amour sous toutes les formes de l'éloquence la plus populaire. La seconde, l'avait-il ou ne l'avait-il pas, je vous le demande, cher lecteur ? En auriez-vous seulement la moitié, le quart, le demi-quart et le seizième, qu'on vous appellerait une belle âme. Il avait fait vœu, dit-on, de ne pas perdre une minute ; et il tenait si joliment cette gageure qu'il n'y avait pas moyen d'échanger avec lui une seule parole inutile. Je l'ai entendu prêcher sur l'emploi du temps; et, quoiqu'il fût devenu presque inintelligible par la perte de ses dents, il y mettait une action, une volubilité et une logique, qui montraient à l'homme le plus occupé les plus effroyables lacunes dans l'emploi de son temps pour le salut : Vous faites mille choses sans doute, s'écriait-il, mais *une seule est nécessaire,* et c'est la seule que vous ne fassiez pas !

Voilà le peu que je sache sur M. le Curé d'Ars. J'ai voulu le dire pour fixer mes souvenirs sur ce simple et sublime personnage, et pour servir à deux classes d'esprits distincts : 1° Les gens du monde ; 2° les prêtres.

Les premiers se prennent souvent à dire : « Les prêtres ont bien du temps à perdre. » Erreur : daignez vous souvenir de ce pauvre prêtre d'un si pauvre village, et vous trouverez que, tout compte fait, avec le soin de l'office, la méditation, le travail préparatoire à la prédication, la visite des malades, la confession (parfois plus efficace que trente sermons), les baptêmes, les mariages, les services mortuaires, les préparations à la première communion, les conférences ecclésiastiques, l'enseignement des rubriques et le soin de l'église, non-seulement un bon prêtre n'a pas de temps à perdre, mais il n'a pas même celui qu'il semble lui falloir. Dans ce cas, ce qui le console, c'est que Dieu achève ce que le prêtre a dignement commencé.

Et vous, bien-aimés confrères du divin sacerdoce, lorsque, placés dans des lieux incultes et ingrats, vous serez tentés de découragement ou de paresse, travaillez pour l'avenir si ce n'est pour l'heure présente. M. Vianay, votre modèle, était-il mieux placé que vous ?

Voyez pourtant ce qu'il a su faire et ce qu'il a su devenir.

Certes, si celui-là n'est pas un saint, mes amis, renonçons prudemment au paradis ; mais abonnons-nous au purgatoire, puisqu'on y est encore plus près de Dieu qu'en ce bas univers.

JOSEPH RÉGNIER,
prêtre.

Nancy, en la fête de St Thomas, apôtre, 21 décembre 1859.

www.ingramcontent.com/pod-product-compliance
Ingram Content Group UK Ltd.
Pitfield, Milton Keynes, MK11 3LW, UK
UKHW020402250726
13967UKWH00005B/2429